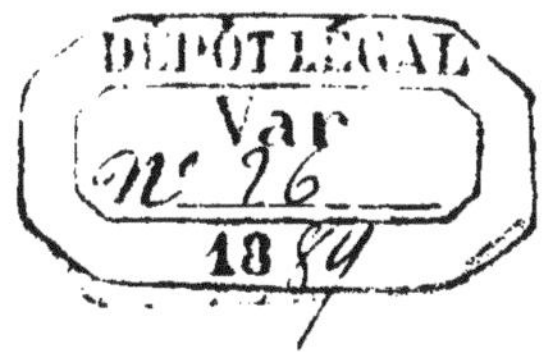

OCTAVE TEISSIER.

RAIMONDIS

SEIGNEUR D'ALLONS

CONSUL DE FRANCE A TRIPOLI

1729-1733

MARSEILLE
PUBLICATIONS POPULAIRES
Rue de la Darse, nº 75.

1889.

RAIMONDIS D'ALLONS

OCTAVE TEISSIER.

RAIMONDIS

SEIGNEUR D'ALLONS

CONSUL DE FRANCE A TRIPOLI

1729-1733

MARSEILLE
PUBLICATIONS POPULAIRES
Rue de la Darse, n° 75.

1889.

Les plus anciens documents diplomatiques établissent que la France a toujours exercé un droit de préséance, sur les autres nations, dans les divers pays soumis à la domination turque.

Cela résulte très nettement des instructions, en date du 23 septembre 1585, par lesquelles Henri III enjoignait à Messire Jacques Savary, seigneur de Lancosme, son ambassadeur auprès de la Sublime Porte, de veiller diligemment à l'exacte observation de ces traités, qui reconnaissaient « la *prérogative et prééminence du roy de France sur tous les autres roys, mesme sur le roy d'Espagne.* » (1)

(1) *Instruction et ambassade du sieur de Lancosme enTurquie pour Henry III, roy de France et de Pologne, en l'an MDLXXXV*, p. 13. Cette instruction fait suite au TRAITÉ DE PAIX FAIT A CHASTEAU-CAMBRESIS L'AN 1569. Paris, chez Jean Camusat, 1637, in-4°.

Les articles IV et XXII des « Capitulations » signées par le sultan Amat, le 20 mai 1604, ont pour objet la constatation de ce droit de préséance :

Art. IV. Les Vénitiens, les Anglais, Portugais, Catalans, Ragusois, Genevois, Anconitains, Florentins, et généralement toutes autres nations, quelles qu'elles soient, pourront librement venir traffiquer par nos pays, *sous l'aveu et sûreté de la bannière de France, laquelle ils porteront comme sauvegarde.*

Art. XXII. Et pour autant que l'Empereur de France est, entre tous les rois et princes chrétiens, le plus noble et de la plus haute famille, et le plus parfait ami que nos aïeux aient acquis entre les dits rois et princes de la croyance de Jésus, comme il a été dit ci-dessus, et comme le témoignent les effets de sa sincère amitié; en considération de ce, nous voulons et commandons que son ambassadeur qui réside à notre heureuse Porte, ait la préséance sur l'ambassadeur d'Espagne et sur ceux des autres rois et princes, soit en notre Divan public, ou autres lieux où ils se pourront rencontrer. » (1)

(1) *Relation des voyages de Monsieur de Brèves, tant en Grèce, Terre Saincte et Egypte, qu'aux royaumes de Tunis et d'Arger, ensemble un traite faict l'an 1604, entre le roy Henry-le-Grand et l'Empereur des Turcs* Paris, 1628, in-4° *Traité*, etc., p. 16.

Le 25 avril 1684, le chevalier de Tourville imposa au Bey d'Alger un traité, dans lequel il était dit que le consul de France aurait « la prééminence » sur les autres nations, et que le Bey serait tenu de « saluer les vaisseaux de guerre de la France, d'un plus grand nombre de coups de canon que ceux de toutes les autres nations. ». Les mêmes stipulations furent insérées dans le traité passé, le 20 février 1720, avec le Bey de Tunis. Enfin, le 2 août 1729, le chevalier de Gouyon, capitaine de vaisseau et M. Pignon, conseiller du roi, conclurent, avec le Pacha de Tripoli, un traité de paix établissant : « la prééminence du consul » et les honneurs exceptionnels à rendre au pavillon français (1).

Peu d'années après la signature du traité de Tunis, M. Gautier, consul de France, se vit contester la préséance; mais il l'exigea avec fermeté et l'obtint sans délai : « Le 20 avril dernier, écrivait-il, M. Loghier, consul de Suède, pendant l'assemblée qu'il y eut au Bardo, s'assit proche du Bey et prit la première place, quoique j'eusse touché, le premier, la main du Bey; je représentai au Bey, que ce n'était point là,

(1) Articles 23 et 37 du traité. (Archives de la chambre de commerce de Marseille, série AA., art. 127).

la place du consul de Suède, et qu'elle appartenait de droit au consul de France. Le Bey se trouva un peu embarrassé pour vuider cette question, attendu qu'il recevait journellement des présents de ce consul; mais le Cazanadar, qui était présent, ayant dit au Bey, que *la France avait partout le premier pas*, fit dresser honteusement le consul de Suède, pour me remettre cette première place. » (1)

La correspondance échangée entre M. de Raimondis (2), consul de France à Tripoli, et la chambre de commerce de Marseille, fait connaître avec quelle correction le Pacha de cette échelle exécuta les stipulations contenues dans le traité du 2 août 1729. Il est vrai que M. de Raimondis, ancien officier de la marine royale, était un fonctionnaire rempli de tact et de fermeté, et qu'il sut éviter toutes les causes de conflit qui se présentèrent sous son administration. Cousin de M. Pignon, l'un des signataires du traité, et très connu de M. de Gouyon, capitaine de vaisseau, qui, à la tête de l'escadre française, avait réduit le Pacha à demander la paix, M. Joseph de Raimondis

(1) Archives de la chambre de commerce de Marseille. Série AA. art. 518. Lettre du 10 mai 1737.

(2) Nous publions, à la suite de cette étude, une notice biographique sur ce consul, qui appartenait à une ancienne famille de Draguignan.

avait été nommé, sur leur proposition, consul de cette échelle, par décision royale du 2 août 1729. (1)

Dès son installation, le nouveau consul se trouva en présence d'un incident, qui pouvait déterminer un conflit. Il écrivait, le 22 août, aux échevins et députés du commerce de Marseille, (la chambre de commerce) :

— « Il est important, Messieurs, pour ne pas troubler la tranquillité dont nous jouissons dans ce pays, que le nommé Joseph-Antoine Roux, qui avait été détenu esclave dans ce royaume, n'y paraisse pas de longtemps, non plus que son père ; car j'ai l'honneur de vous assurer, Messieurs, que toute la bonne volonté du Pacha, à rendre justice lorsque quelque français est insulté, ne saurait empêcher qu'on ne maltraitât le dit Roux avec son père s'il venaient ici. Depuis l'arrivée, dans ce pays, des Tripolins qu'on avait détenus à Toulon ; le peuple est si fort irrité contre eux, qu'il dit publiquement : *Per Dio ! maſtar capitan Roux, si tournat aça.* Ils se plaignent que ces

(1) Il avait été chargé provisoirement du consulat, le 10 juin, par M. de Gouyon ; mais sa nomination ne fut ratifiée à Paris que le 2 août, et, par une coïncidence singulière, le même jour le traité de paix était signé à Tripoly par le Bey et les représentants de la France : MM. de Gouyon et Pignon.

Messieurs allaient tous les jours les insulter à Toulon, et qu'il n'a pas tenu à eux que le peuple ne les ait lapidés; qu'ils allaient, par les rues, demandant justice et montrant le pain qu'on donnait ici aux esclaves français, et disant qu'on les maltraitait avec toute sorte de cruautés. Ce que je n'ai pas appris ici des français que j'y ai trouvés. J'ai l'honneur de vous avertir que, s'ils y venaient présentement, je leur défendrais de mettre pied à terre, et que je les renvoyerais au plus vite, pour éviter un désordre qui ne manquerait pas d'arriver, au moment qu'on les saurait dans la ville. J'ai cru devoir vous informer de cela, afin que vous preniez, Messieurs, les mesures nécessaires, pour défendre à Roux et à son père de toucher dans aucun port de ce royaume. »

Le Pacha appréciait le caractère conciliant et ferme du consul, et se montrait, lui-même, très désireux d'éviter les conflits toujours à craindre dans les échelles. M. de Raimondis rendit compte de cette situation favorable, aux députés du commerce, le 17 février 1730.

— « Tout est tranquille ici, disait-il; le Pacha observe, de bonne grâce et religieusement, le traité de paix, et rien ne me persuade tant qu'il continuera de même, que ce qu'il a fait au sujet du chargement de blé du vaisseau du capitaine Jacques Curet, de la

Seyne; car, quoique cette denrée soit très chère et très rare dans cette ville, il me pria de faire en sorte que le dit Curet lui vendit son blé, qu'il avait été obligé de mettre à terre pour pouvoir radouber son navire, et, l'ayant assuré qu'il ne pouvait pas sans s'exposer à payer une amende considérable, quand il serait à Marseille, il me répondit qu'il s'en passerait, et qu'il ne voulait en acheter que de gré à gré; ajoutant qu'il serait faché de faire la moindre peine aux français. Deux jours après, m'ayant prié de lui en faire séparer au moins cent cuffes (sacs), disant que quoique le pays manque de grain, il n'avait pas laissé que de permettre que ses sujets eussent vendu du biscuit à nos capitaines, j'ordonnai à Curet de lui en vendre 60 cuffes, et au capitaine Javhoy, quinze, qu'il en avait de pacotille, qui leur furent payés selon le prix qu'ils avaient convenu. »

Le 27 juin, le consul fait connaitre aux députés du commerce, que le Pacha a bien voulu se soumettre au paiement des impôts : « J'ai porté, dit-il, le Pacha à payer le droit de consulat, pour les marchandises qu'il embarquera ou qu'il recevra des pays chrétiens, et il a commencé à s'exécuter, en payant, non seulement le droit de consulat pour les marchandises qu'il envoie à Livourne, sur le bâtiment du capitaine Abeille, mais encore le droit de cottimo. »

M. de Raimondis ne négligeait aucune occasion d'être agréable au Pacha. Il avait proposé aux députés du commerce, de faire un cadeau à son fils, qui allait se marier, et accusant réception de l'envoi du caffetan de drap d'or qui lui était destiné, il leur fit part des sentiments de reconnaissance manifestés par le père et le fils: « Je l'ai présenté au fils du Pacha qui, après m'en avoir fait mille remercîments, avec ses offres de service, pour moi et pour la nation, m'a assuré qu'il n'avait pas encore vu une plus belle étoffe. Son père, que je vis le l'endemain, me témoigna être très sensible à l'attention que j'avais eue de faire un présent à son fils, à l'occasion de son mariage. Je puis vous assurer, Messieurs, que cette petite dépense a été faite à propos; car le Pacha aime très tendrement ce fils « qui pourra me rendre service, en cas que je l'emploie pour le bien du commerce et de la nation. » (1)

Cette occasion ne tarda pas à se présenter; le Pacha prouva lui-même par sa courtoisie vis-à-vis du consul, qu'il était reconnaissant de ses bons procédés. L'incident qui ne manque pas d'intérêt drama-

(1) C'était le troisième fils du Pacha, qui épousait la fille de son premier ministre. Il était d'usage d'offrir aux futurs époux, le jour des fiançailles un caffetan de drap d'or. (Lettre de M. de Raimondis du 17 février 1730).

tique, est raconté très simplement par M. de Raimondis, dans une lettre adressée, le 3 novembre 1730, aux députés du commerce de Marseille :

— « J'ai l'honneur, Messieurs, de vous informer qu'il s'était élevé un petit nuage entre le Pacha et le consul de S. M. impériale, au sujet d'une galiotte de cette république (1), qu'on arrêta à Brancaione, en Calabre, parce que l'équipage avait voulu commercer avec les gens du pays, sans faire la quarantaine accoutumée ; ce qui obligea le Pacha de faire mettre au bagne et aux fers les matelots de deux pinques napolitaines, qui sont ancrées dans ce port.....Si cette affaire a été disgracieuse pour le consul d'Allemagne, en revanche, elle a été bien glorieuse pour moi et pour la nation. Car, dans le temps qu'on cherchait les Napolitains pour les mettre aux fers, deux se réfugièrent chez moi et furent s'envelopper dans le pavillon, qui était arboré ce jour là, qui était un dimanche ; et, comme les Turcs les poursuivaient pour les saisir, ils n'osèrent les toucher, au moment qu'ils eurent mis les pieds sur le seuil de la porte de ma maison, et le Raïs de la marine m'ayant fait prier de les lui envoyer par mon truchman, n'osant les faire

(1) Dans la correspondance le titre de République est souvent donné à la régence de Tripoly.

sortir que par mon ordre, je fus lui dire que j'étais bien aise d'en parler au Pacha; il me répondit qu'il n'était pas visible, mais qu'il allait lui envoyer quelqu'un pour l'en informer. Une heure après, le Pacha me fit dire par l'un de ses favoris, qu'il avait trop de respect pour le pavillon du roi, pour oser faire esclave les deux napolitains qui s'y étaient enveloppés dedans, et qu'ils étaient libres, que j'en étais le maître, pour en faire ce qu'il me plairait. J'allai le lendemain l'en remercier, et avec beaucoup de politesse, il me répéta ce qu'il m'avait fait dire la veille par son favori. Je vous informerai, Messieurs, de la manière que la cour de Vienne prendra cette affaire. »

Ces deux napolitains, poursuivis, haletants et désespérés, qui voient le salut dans le drapeau français, et qui viennent s'envelopper dans ses plis; les agents du bagne qui s'arrêtent au seuil de la maison consulaire; le consul lui-même, toujours calme et ferme; et enfin ce Pacha altier, s'inclinant devant l'emblème de la puissance d'un allié respecté, forment un tableau des plus intéressants. On doit savoir gré à la chambre de commerce de Marseille d'avoir conservé ce souvenir dans ses archives. C'est un trait assez commun dans la vie de nos représentants à l'étranger, mais à cette époque, et dans ces circonstances, alors que le pacha se montrait si peu soucieux de déplaire au consul napolitain en faisant mettre ses nationaux au bagne, il n'est pas indifférent de constater le respect qu'inspirait le drapeau français.

Les députés du commerce de Marseille durent féliciter M. de Raimondis, cela n'est pas douteux; mais comme nous n'avons que sa correspondance sous les yeux, nous ne pouvons savoir ce qui lui fut répondu. Peu de temps après, il reçut des remerciements, pour un autre objet et voici comment il se défendit d'avoir fait une chose digne de louange.

« J'ai eu l'honneur de vous marquer, Messieurs, par mes précédentes, que vous me faisiez tort de me faire des remerciements, de ce que j'ai engagé le Pacha à payer le droit de consulat, pour les marchandises qu'il envoie en pays de chrétienté, pour son compte, sur des bâtiments français; je vous le répète, je n'ai fait en cela que remplir mon devoir, et suivre mon inclination pour tout ce qui vous regarde. » (18 avril 1731).

On reconnait dans cette réponse qui n'est pas sans dignité, le gentilhomme, le militaire, habitué à faire son devoir simplement et sans se préoccuper des félicitations qu'il pourrait mériter, un peu froissé même si on insiste pour le remercier.

Un capitaine de navire, marseillais aux mœurs trop légères, faillit mettre M. de Raimondis dans l'embarras et lui créer des difficultés. Cet imprudent provençal s'était introduit chez une musulmane et avait été surpris par le mari, mais il était parvenu à quitter la maison sans être atteint par ce dernier. On ne parlait de rien moins que de le brûler publiquement, lorsque le consul le fit partir et lui épargna ainsi le châtiment toujours infligé en pareille circonstance. Il en écrivit, en ces termes, aux députés du commerce de Marseille, le 28 juillet 1731 :

— « Je n'ai pas douté, Messieurs, que vous ne fussiez scandalisés de la mauvaise conduite du capitaine Le Roy; il ne sera certainement pas en état de se justifier, puisque je ne vous en ai écrit que ce qui s'est passé ici et à Bengasy, comme on dit : *Coram omnibus*; car, chrétiens, turcs, maures et juifs ont été témoins de ses sottises. Cependant, quoiqu'il mérite un châtiment proportionné à ce qu'il a fait, j'ai l'honneur, Messieurs, de vous prier, quand il sera arrivé à Marseille, de vouloir bien lui pardonner, après lui avoir fait une vive correction, qui sans doute lui fera impression, et servira de frein, à l'avenir, à ses vivacités amoureuses pour les femmes turques; je ne saurais me déterminer à le perdre entièrement, ce qui arriverait si j'informais le Ministre des embarras où il a failli me mettre avec les français qui étaient pour lors ici, puisque vous n'ignorez pas, Messieurs, qu'un chrétien, surpris en flagrant délit avec une musulmane, mérite le feu, selon la loi du pays, et que ce ne fut qu'à ma considération que le Pacha assoupit cela. »

Il est probable que dans cette circonstance remplie de dangers, le consul fut soutenu par la protection du fils du Pacha, plus enclin à pardonner une faute de cette nature. Le souvenir du cadeau qu'il avait reçu, à l'occasion de son mariage, dut contribuer à le rendre indulgent.

Pendant que M. de Raimondis entretenait d'excellentes relations avec le Pacha, et protégeait efficacement ses nationaux, le consul napolitain n'éprouvait que des déboires. Il n'est pas sans intérêt de connaître les humiliations infligées à son gouvernement; ce qui, par comparaison, fait ressortir la faveur dont jouissait le pavillon français, grâce à l'habileté, à l'honorabileté et aux formes correctes de notre représentant.

« L'Empereur, écrivait-il, fait tout ce qu'il peut pour entretenir une correspondance avec cette République, et passe sous silence bien des camouflets qu'il en reçoit, puisqu'il n'a témoigné aucun ressentiment des deux équipages napolitains qui furent mis aux fers (1), non plus que d'une pinque maltaise qui fut prise par un corsaire Tripolin, à portée de pistolet sur le cap Passero, et que, tout récemment, S. M. impériale a envoyé au Pacha les 7,000 ducats qui lui étaient encore dûs, pour l'entier paiement des effets que M. le chevalier de Gouyon prit avec pavillon impérial. Le même turc, qui est venu de Naples avec les dits 7,000 ducats, a porté des présents pour environ 2,000 livres, consistant en vaisselle d'argent, pistolets, étoffes de drap d'or et d'argent. Ce présent a été accompagné de treize turcs qui étaient esclaves sur les galères de Naples. A cette occasion, le consul de l'Empereur pria le Pacha de lui remettre (en considération des dits présents et treize turcs mis en liberté), treize esclaves qui sont ici, des royaumes de Naples et Sicile, et d'autres pays de S. M. impériale, le Pacha lui répondit qu'il ne pouvait pas encore s'en défaire, et qu'il fallait attendre que ses corsaires en amenassent pour les remplacer. A quoi le dit consul répondit, qu'il était surpris qu'il n'eut pas honte de faire une telle réponse; et le Pacha, piqué de ce discours, répliqua qu'il garderait sa honte avec ses esclaves. Cepen-

(1) Il fait allusion aux deux napolitains qui vinrent se réfugier au consulat.

dant, quelques jours après, il fit embarquer sur un bâtiment napolitain, qui partait pour Naples, deux esclaves natifs de Naples et six esclaves grecs. Ainsi, il me paraît, par toutes ces manœuvres, que c'est l'Empereur qui ménage le Pacha, et que ce dernier en fait peu de cas; s'il ne lui déclare pas la guerre, c'est parce qu'il craint de déplaire au Grand Seigneur. » (1)

Dans la même lettre, M. de Raimondis remercie les députés du commerce, de l'accueil qu'ils ont fait à sa femme, au moment de son départ pour Tripoli, où elle est venue le rejoindre avec leurs plus jeunes enfants : « Je ne sais comment entreprendre de vous faire, Messieurs, mes remerciements, des honnêtetés que vous avez faites à ma femme, pendant le temps qu'elle a été à Marseille; (2) j'y suis sensible comme je le dois; je n'en perdrai jamais le souvenir, et je voudrais être assez heureux que de pouvoir vous en marquer ma profonde reconnaissance. » (28 juillet 1731).

Le 18 décembre, le consul fait connaître aux dé-

(1) Archives de la chambre de commerce de Marseille.

(2) Arrivée à Tripoly le 13 juin, Mme de Raimondis remercia elle-même les députés du commerce de Marseille, le 22 juillet 1731.

putés du commerce un incident sans grande importance, mais qui prouve sa sollicitude pour ses nationaux et l'empressement qu'il mettait à leur faire rendre justice : « Deux pinques de cette république qui étaient sorties de ce port depuis quelques temps, pour aller faire la course, y sont rentrées depuis sept jours, sans avoir fait aucune prise, et ayant appris que l'un des raïs (1), avait demandé et pris de deux capitaines français, des boussoles, du tabac, des cartes marines, des éguilles et de la ficelle, j'en ai porté plainte au Pacha qui, sur le champ, a donné ses ordres pour chasser ce coupable de son royaume. Et l'ayant prié d'écrire à M. le comte de Maurepas qu'il était faché de ce qui était arrivé, il a, dans le moment, dicté, en ma présence, une lettre pour ce ministre. Ainsi vous le voyez, Messieurs, par cette satisfaction que j'ai obtenue, combien le Pacha est porté à observer religieusement le traité de paix que le roi lui a accordé. »

C'était surtout quand il s'agissait d'établir le droit de « prééminence » de la France sur les autres nations, que le consul de Raimondis tenait la main à l'exécution des traités. L'arrivée de deux vaisseaux

(1) *Raïs*, capitaine marin, corsaire.

de guerre, en 1732, lui fournit l'occasion de rappeler au Pacha de Tripoli les stipulations relatives au salut, et il obtint sans difficulté, le nombre de coups de canon exigés en pareil cas : « Les deux vaisseaux du roi, commandés par M. de La Valette, écrivait-il, le 8 septembre, mouillèrent devant cette place le 7 juillet, et en partirent dans la nuit du 11 au 12; et comme tout est tranquille ici, je n'ai eu aucune plainte à porter au commandant. Deux vaisseaux de guerre de l'Empereur ayant été salués, l'année dernière, de vingt-neuf coups de canon, j'en ai obtenu trente-un pour ceux de Sa Majesté. M. le marquis d'Antin ayant été faire au Pacha une visite d'amitié, fut salué, en entrant au château, de vingt et un coups de canon, qui furent rendus, coup pour coup, par le *Tigre*, commandé par ce seigneur. »

Le consul n'hésitait pas, lorsque l'occasion s'en présentait, de prêter le concours de son personnel au Pacha. Le 12 février 1733, il écrivait aux députés du commerce : « Le Pacha a envoyé environ six mille hommes, commandés par deux de ses fils et par son chyaya, devant la ville de Feizan pour s'en rendre maître; l'artillerie de cette petite armée consiste en quatre pièces de canon et en deux mortiers, qui sont dirigés par nos deux bombardiers. Si cette expédition réussit, le Pacha en retirera beaucoup de poudre d'or et beaucoup de nègres ».

Le 23 avril 1733, M. de Raimondis, après avoir rendu compte de la saisie par les Espagnols, d'une tartane nolisée aux frais du Pacha, annonce qu'il a demandé des instructions au Ministre, et il ajoute : « Je passerai longtemps sans recevoir la réponse de M. de Maurepas, *la peste, qui fait des ravages*, empêchant les marins de venir ici. »

Ce fut sa dernière lettre, il mourut de la peste, le 2 juin. Madame de Raimondis, une vaillante femme, prit, en l'absence de tout le personnel décimé ou en fuite, la direction du consulat, et la mort de ses quatre fils, atteints bientôt après, ne l'arrêta pas dans l'accomplissement de ce qui lui paraissait être son devoir. Voici la lettre, pleine d'énergie, qu'elle écrivit, le 31 octobre, aux députés du commerce à Marseille :

— « Les bontés que vous aviez pour mon mari, pendant sa vie, me font espérer que vous voudrez bien donner quelques regrets à sa mort. Il fut attaqué de la peste le 27 du mois de mai et mourut le 2 de juin, après avoir reçu les sacrements. J'ai eu encore le malheur de perdre quatre enfants que j'avais ici... Jugez, Messieurs, de mon infortune ! La même maladie a emporté treize personnes de cette maison, de quatorze que nous y étions : elle n'a laissé que moi, après m'avoir fait ressentir ce qu'elle a de plus cruel et de plus affreux. M. Magis, chancelier de ce consulat, quitta la maison d'abord que l'on s'aperçut que le mal y était, et sortit avec lui tous les papiers de la chancellerie. Je dis à mon mari qu'il devait s'y opposer, mais je ne fus pas écoutée. Après sa mort toutes ses hardes et par conséquent tous ses papiers et les dépôts passèrent entre les mains des esclaves, des mores et des juifs, et furent portés à un fondouk, où ils sont restés jusqu'à l'entière cessation du mal. C'est alors que je les fis retirer et je fis faire un inventaire de tout ce qui s'y trouvait, par le père Fortunat, vice-préfet de cette mission, M. le consul de Hollande et M. Franchique de Sira, marchand vénitien. Je pris soin de retirer ce qui regardait la chancellerie, que je trouvai très mal en ordre.

« Depuis la mort de mon mari, j'ai taché de faire de mon mieux, pour que cette échelle ne souffrît point d'être sans consul. Quoique ma santé soit extrêmement faible, j'aurai l'honneur de vous dire, Messieurs, que je ne la ménage pas quand il s'agit des affaires de service. Je vais au château toutes les fois que les affaires m'y appellent, et la satisfaction que j'ai, c'est que je vois le Pacha à toutes les heures; quand je ne le trouve pas à l'audience, je vais le chercher aux appartements de ses femmes. Ce prince a pour moi toutes les bontés imaginables. Ainsi, rien ne trouble le commerce dans ce pays. Je fais les contrats, les patentes et les passeports, le moins mal que je puis; je retire avec soin les droits de la Chambre.

« Je ne serais pas excusable, Messieurs, d'avoir tardé jusqu'à aujourd'hui, à me donner l'honneur de vous informer de toutes ces choses, si un bubon que j'ai eu au bras, ne m'avait laissé une grande douleur et une faiblesse à la main, de laquelle je ne me sers même aujourd'hui qu'avec beaucoup de peine, m'ayant fallu faire plusieurs reprises, pour finir cette lettre. Vous aurez, s'il vous plait, la bonté de m'y passer les fautes et les raiures.

« J'ai l'honneur d'être, avec une estime infinie, Messieurs, votre très humble et très obéissante servante.

« Baruety-Raimondis.

« A Tripoli de Barbarie, ce 31 octobre 1733. »

Quand il n'y eut plus à redouter le terrible fléau, qui avait sévi d'une manière si cruelle sur le personnel du consulat, M. le chancelier Magy reprit son poste, et Mme de Raimondis fut libre enfin de rentrer en France, où l'attendaient son fils aîné Jean, et ses deux filles Marie et Marguerite, qu'elle avait eu l'heureuse inspiration de laisser auprès de sa famille.

Dans une lettre, en date du 24 juillet 1734, M. Magy, écrivant aux députés du commerce de Marseille, leur disait : « J'ai fait remarquer à Mme de Raimondis que vous étiez créanciers de feu son mari, elle m'a répondu qu'elle l'était aussi, mais que pour l'honneur de ses enfants, elle vous satisfairait dès sa rentrée en France. Elle s'embarque pour aller à Toulon avec son cousin M. Pignon. Si elle est restée jusqu'à présent ici, c'est qu'elle attendait le convoi des chevaux du roi, parce qu'elle appréhende les corsaires napolitains. Elle s'est comportée en cette ville de manière à se faire regretter et elle l'est effectivement. » (1)

La correspondance que je viens d'analyser, et qui n'avait pas été touchée depuis plus d'un siècle, quand je l'ai ouverte pour la classer, est empreinte d'un souvenir presque sensible de ce consul, intelligent et dévoué à la France, de cette femme courageuse entre toutes, et cependant éprouvée comme pas une mère

(1) Archives de la chambre de commerce, série AA.

ne le fut peut être ; je n'ai pas pu la lire sans émotion, et j'en ai conservé une impression de tristesse et d'admiration tout à la fois, en songeant à ces fonctionnaires, si dignes, si estimables, qui sacrifiaient leur vie, pour protéger, au loin, le commerce et les commerçants, et cela sans emporter la moindre parcelle des richesses dévolues à ces derniers. Saluons avec respect ces vaillants serviteurs de la France, qui l'ont aimée et qui sont morts pour elle.

MONOGRAPHIE DES RAIMONDIS.

Pendant plus de deux siècles, les de Raimondis d'Allons ont occupé des situations honorables dans le barreau, la magistrature, et dans les armées de terre et de mer. Les uns furent lieutenants généraux de la sénéchaussée à Draguignan, les autres sont morts sur le champ de bataille ; l'un d'eux, major général de la marine, fut tué au combat naval de la Hogue ; enfin, le consul de France, qui fait l'objet de cette étude, mourut dans l'exercice de ses fonctions.

En 1561, Antoine Raimond, docteur en droit, épousait Jeanne Raphélis, et en 1563, son frère Joseph, capitaine de 300 hommes d'armes, épousait Yolande Arnoux. Le premièr, a formé la branche des seigneurs d'Allons, d'où est sorti le consul de France ; le second, a été chef de la branche des Raimondis de Canaux.

Antoine Raimond eut trois fils : 1° Gaspard, capitaine d'infanterie, qui épousa Marguerite d'Amalric, le 5 février 1605 ; 2° Jean, juge royal ; 3° Joseph, docteur en droit.

Le fils du capitaine Gaspard, l'avocat Jean de Raimondis (1), premier consul de la ville de Draguignan, en 1651, prit une part très active dans les troubles de la Fronde, et fut le chef du parti des *Canivets* (mazarinistes) contre les *Sabreurs*, qui voulaient soumettre les Dracénois au parti des Princes. M. Mireur, dans une intéressante étude sur une épisode de notre histoire locale, a raconté d'une manière très piquante le combat que Jean de Raimondis eut à soutenir contre Vaugrenier, chef des Sabreurs ; je lui cède la parole :

« Le 24 septembre 1651, après avoir vainement tenté de surprendre la ville pendant une nuit du mois précédent, Vaugrenier fomente un soulèvement populaire. Avec le coup d'œil d'un stratégiste, notre généralissime cantonne d'abord sa petite troupe dans l'hôtel Gansard, et, de là, rayonne à la fois à l'intérieur et à l'extérieur, s'empare des anciennes et nouvelles tours couronnant les hauteurs de l'horloge, fortifie le rocher qui y commande la porte des Hou-

(1) Ce nom a subi diverses transformations : *Raimond* à l'origine ; plus tard, *Raimondi* et enfin, *Raimondis*.

lières, et relie ces points extrêmes par des lignes de communication répondant à la dite maison. Maitre d'une entrée de la ville et des principales positions, il pourra y introduire librement des secours du dehors, et avec leur appui, exécuter un coup de main.

« Le plan était aussi audacieux qu'habile. Pourtant le vigilant Raimondis parvint à le déjouer, et sans doute avant que les Sabreurs eussent reçu des renforts, son armée, amplement munie de poudre et de balles, les débusqua de leurs positions. Mais ce ne fut ni sans peine, ni sans péril, à en croire le premier consul » qui écrivit à Mgr d'Aiguebonne : Les Sabreurs seraient parvenus à se rendre maitres de la ville, *si les bons serviteurs de Sa Magesté n'y eussent risqué leurs vies, pour éviter le désordre et la ruine de leur ville.* » (1)

Ce consul Jean de Raimondis, ce docteur en droit, qui était à la fois un magistrat municipal très habile, et un soldat rempli d'énergie, éleva sa nombreuse famille avec le plus grand soin, et eut la satisfaction de voir ses six enfants s'acheminer honorablement dans des carrières diverses. Il avait épousé, le 2 janvier 1638, Mlle Suzanne de Gardenc, des seigneurs

(1) L'Hôtel de Raimondis-Canaux à *Draguignan*. 1873, p. 49.

d'Allons, et c'est par cette alliance que ses descendants devinrent eux-mêmes seigneurs de la terre d'Allons.

Une courte notice, consacrée à chacun des six enfants de Jean de Raimondis, nous permettra de connaître plus exactement les différents rameaux de cette ancienne famille dracénoise.

1° *Pierre-André de Raimondis,* seigneur d'Allons, né le 7 décembre 1638, conseiller du roi en 1659, fut nommé lieutenant général de la sénéchaussée et gouverneur héréditaire de la ville de Draguignan, en 1665. Il se rendit acquéreur, en 1676 d'une vaste maison, située rue Saint-François, qui fut affectée au commencement de ce siècle à la préfecture du Var, et qui est aujourd'hui occupée, en partie, par une école communale et les bureaux de l'inspection d'académie. Il épousa, le 13 janvier 1678, Marie-Marguerite de Glandevès du Castellet, et en eut cinq enfants, dont l'aîné, Joseph fut le consul de France. Il mourut le 6 août 1702.

2° *Joseph de Raimondis*, né le 9 avril 1651, fut nommé lieutenant de vaisseau le 3 mai 1677, capitaine et major de la marine du Levant, le 1er janvier 1687 et major général dans les mers du Levant et de l'Orient, le 15 octobre 1689 ; il avait épousé, le 27 avril 1677, Mlle Louise Bona Donna. Il fut tué au siège de la Hogue (1) le 2 juin 1692 ?

Diverses lettres, adressées au major général par le Ministre de la marine, comte de Pontchartrain, du 22 janvier au 4 décembre 1691, font connaître qu'il avait été chargé d'une mission spéciale, ayant pour objet la formation de compagnies franches, dans les deux ports de la Méditerranée et de l'Océan, afin de faciliter l'armement des escadres.

3° *François de Raimondis*, né le 20 février 1640, capitaine au régiment de Villeroy, tué en Piémont, en 1691.

4° *Antoine de Raimondis*, né le 20 juillet 1642, capitaine au régiment de Jonzac, tué au siège de Maestricht, le 18 août 1665.

5° *Sauveur de Raimondis*, officier d'infanterie, mort en combattant.

6° *Jean de Raimondis*, capitaine au régiment de Saluce, qui épousa Lucrèce de Bérard, le 26 janvier 1698.

L'aîné de ces cinq officiers, tous morts au service de la France, exerçait, comme nous l'avons vu ci-dessus, les hautes fonctions de lieutenant général de

(1) Notes rédigées par M. Jean de Raimondis, lieutenant général de la Sénéchaussée.

la sénéchaussée de Draguignan. Il eut, de Marguerite de Glandevès, cinq enfants : *Honoré Emmanuel*, qui lui succéda en qualité de lieutenant général et de gouverneur ; *Pierre André*, capitaine au régiment de la marine ; *Jean* qui fut admis le 29 février 1692, en qualité de page par le grand maître de l'ordre de Malte ; *Charles*, dont la vie n'est pas connue, et enfin *Joseph*, qui fut consul de France à Tripoli.

Joseph de Raimondis, né à Draguignan, le 23 juillet 1684, fut inscrit, le 1er février 1703, sur la *liste des gentilshommes destinés pour servir en qualité de gardes de la marine* à Toulon. Le 6 juillet 1717, il épousa Mlle Catherine Baruéty, fille de François-Emmanuel Baruéty, conseiller du roi, et son procureur en la communauté de Draguignan. Les témoins du mariage furent, du côté de M. de Raimondis, en l'absence de son père décédé et de sa mère, qui avait donné son consentement par écrit, Antoine d'Abram, seigneur de Montpesat, François Antoine de Blacas, Joseph Durand, seigneur de la Motte et de Vauplane, ses proches parents ; et, du côté de Mlle Baruéty, assistée de son père et de sa mère, Emmanuel Gilly, seigneur de Taurennes, son aïeul maternel, Honoré Pignon, de la ville de Fréjus, et Antoine de Brun, seigneur de Favas.

La jeune fille apporta à M. de Raimondis une dot

de 16,000 livres. Son trousseau, évalué à 1313 livres, est détaillé dans un inventaire, qui fait connaître comment était nippée, au commencement du XVIIIe siècle, une jeune fille de bonne famille.

Rôle des hardes de Mlle Baruéty.

5 douzaines de chemises, garnies de dentelles et de baptiste, à 7 livres pièce..	420 liv.
2 douzaines de mouchoirs demi Hollande et 6 mouchoirs de mousseline	66
4 cornettes, garnies de dentelles, pour le négligé..........................	48
8 assortiments de cornettes de nuit, toile de Paris, garnies de petites dentelles....	26
6 cornettes *reculées,* les unes brodées et les autres avec du piquet, engageantes et tour de gorge......................	72
6 corsets, deux de bazin et quatre de rohan..........................	9
Une toilette de rohan avec un falbala de mousseline brodée..................	12
Une toilette de bouttis avec un falbala de mousseline brodée..................	30
Un miroir de toilette................	6
A reporter........	689 liv.

Report.......	689 liv.
Boite à mouches, de la Chine, boite à poudre, et autres petites babioles.......	10
Deux peignoirs, toile de Paris........	7
Un habit de damas gris de perle......	60
Un jupon de damas cramoisi..........	20
Habit pourpre, avec son jupon et assortiment, tablier, fichu et fontange.....	100
Une robe de chambre d'indienne, doublée de taffetas bleu, avec une jupe de damas de même couleur et un tablier.......	100
Un habit de satin doublé de taffetas...	75
Un habit de chagrin blanc, avec une jupe de taffetas bleu et un tablier........	60
Un habit de raz de Saint-Maure.......	45
Une robe de chambre jaune, double-fond avec une jupe brodée..................	60
6 paires de bas, dont deux de soie.....	20
2 paires de pantoufles brodées........	10
4 paires de souliers.................	10
Quatre tours de perles, pendelottes, boucles d'oreilles et autres babioles d'or et d'argent..........................	60
36 pans ruban, pour fontange........	7
	1333 liv.

Nommé consul de France à Tripoli, le 10 juin 1729 Joseph de Raimondis remplit ces honorables fonctions pendant quatre ans, avec une réelle distinction (1). Il mourut de la peste le 2 juin 1733. Peu de jours après, la même épidémie enlevait ses quatre derniers enfants. Mme de Raimondis, seule survivante, sur 14 personnes attachées au consulat de France, prit la direction du service et, jusqu'à la cessation complète de tout danger, défendit les intérêts de ses nationaux avec une rare intelligence et la plus grande énergie.

Mme de Raimondis, née Baruéty revint en France, en 1734; elle vécut depuis lors à Draguignan auprès de ceux de ses enfants qu'elle avait eu l'heureuse inspiration de confier à sa famille, et qui avaient ainsi échappé aux dangers de la peste. Il lui restait un fils : *Jean*, et deux filles : *Marie* et *Marguerite*.

Jean de Raimondis, né le 28 mai 1719, succéda à son oncle paternel, Honoré Emmanuel, dans ses fonctions de lieutenant général de la sénéchaussée, en 1744.

Honoré-Emmanuel de Raimondis, fils aîné de Pierre-André de Raimondis, seigneur d'Allons, et de Marguerite de Glandevès avait épousé, le 8 octobre

(1) M. de Raimondis ne fut installé que le 2 août 1729, mais sa nomination remontait au 10 juin.

1718, étant lieutenant général de la sénéchaussée de Draguignan, Mlle Marguerite de Martinenc. Il laissa, entr'autres enfants, deux fils, qui se distinguèrent par l'éclat de leurs services dans la marine royale :

1° Honoré de Raimondis, né le 26 octobre 1719, qui était capitaine de vaisseau, le 28 février 1750, quand il céda à M. le marquis de Villeneuve-Flayosc la maison située rue de Saint-François que son aïeul avait acquis en 1676.

2° Jean-Louis de Raimondis, né le 11 août 1723, qui entra dans le service de la marine très jeune et obtint tous ses grades glorieusement. Il avait fait 22 campagnes et naviguait en qualité de capitaine de pavillon à bord du César, commandé par M. de Broves, en 1779, lorsque ce vaisseau fut séparé de l'escadre de M. d'Estaing. Attaqué par un vaisseau anglais, il eut le bras droit emporté par un boulet de canon « au moment même ou il faisait un signal avec ce bras, pour accélérer une manœuvre qui allait obliger l'ennemi à se rendre ». Il fut nommé quelques jours après chef d'escadre et mourut le 1er février 1801.

Ce chef d'escadre avait épousé, le 8 octobre 1769, à Toulon, Mlle Magdeleine de Clapiers, fille de feu Charles et de Marie de Cuges de la ville d'Hyères ;

une des nièces de sa femme, Mlle de Clapiers, fut mariée à M. Lombard Saint-Cyr, de Draguignan.

Jean de Raimondis qui avait succédé à Honoré-Emmanuel de Raimondis, en 1744, épousa le 30 avril de la même année, Mlle Marguerite de Barbarin, appartenant à une très ancienne et très honorable famille de Marseille, représentée aujourd'hui par de nombreux alliés, parmi lesquels, j'aime à citer M. Joseph de Barbarin, avocat distingué et bibliophile d'une rare obligeance.

Le lieutenant général Jean de Raimondis, remplit pendant 32 ans, avec beaucoup de dignité, de savoir et de dévouement, les hautes et honorables fonctions qui étaient héréditaires dans sa famille, depuis plus d'un siècle. C'était un magistrat bienveillant quoique très pénétré de l'importance de son mandat, et il apportait, même dans l'intérieur de sa famille, une certaine sévérité. Ce caractère rigide se manifesta très nettement dans une circonstance que nous révèle la correspondance de ses enfants. L'un d'eux, l'aîné, Jean-François de Raimondis, nommé enseigne de vaisseau par brevet du 1er mars 1775, se maria à l'ile de France, étant lieutenant de vaisseau et chevalier de Saint-Louis; il ne fit part de sa décision à son pére qu'après la célébration du mariage, et fut, pour ce seul fait, deshérité. Cependant d'après sa lettre du 12 octobre suivant, c'était un fils respectueux. Il avait été sans doute trop pressé de contracter cette union, et peut être aussi la jeune fille s'était elle éprise trop vivement. Voici cette lettre qui mérite d'être transcrite en entier, parce qu'elle dépeint bien les mœurs de l'époque.

« Mon très cher père,

« Vous devez avoir reçu plusieurs de mes lettres, par lesquelles je vous marquais m'être débarqué dans ce pays, malade. Les étrangers y sont très bien accueillis et le hasard m'a procuré, dans le nombre des connaissances que j'ai faites dans ce pays, celle de M. de Vignols, colonel du génie, qui est établi ici, et chez lequel j'ai resté des mois entiers, quoique je fusse malade. J'y ai intéressé la dernière de ses filles, de quatre qu'il en a, et dont les trois premières sont établies. Elle est musicienne, jolie, bien faite, dansant bien, je m'y suis pris, et, après l'avoir fréquentée six mois j'ai fait part de mon goût à M. de Souillac, gouverneur, qui m'a toujours fait mille amitiés; il ne l'a point blamé et m'a dit qu'en tout la demoiselle était bien faite pour rendre un homme heureux, ne laissant rien à désirer. Je l'ai demandée en mariage, après avoir su, de M. de Souillac, que si, tel était mon goût, je ne pouvais mieux choisir. J'en ai fait la demande, j'ai été accepté, les parents s'étant déjà aperçus de ce qui s'était passé. M. de Souillac m'en a donné la permission par écrit selon l'usage des colonies. Il a assisté à mon mariage, qui s'est fait le 22 juillet dernier; il a signé mon contrat. Je suis logé, nourri et deffrayé de tout chez mon beau-père, tant que je voudrai. Ils ont donné, pour le présent, à leur fille, ce que toutes les autres ont eu, c'est-à-dire plusieurs noirs et négresses, avec une habitation, autrement dit campagne, que je fais travailler et dont je vends les denrées puisque je n'en ai pas besoin.

« Quand vous m'écrirez, mon père, adressez votre lettre à M. Hugues, négociant à Marseille, qui les adressera à son fils, qui est ici et que je connais beaucoup. Ma femme vous écrit, ainsi qu'à mes sœurs. Si j'ai le temps je leur écrirai aussi. J'ai été un peu malade depuis mon voyage, mais l'on a bien soin de moi. Mon beau-père est âgé de 72 ans et sa femme de 62; la mienne en a vingt passés. Je profiterai, comme je l'ai fait de toutes les occasions pour vous écrire. De grâce, cher père, donnez-moi de vos nouvelles ou faites m'en donner. J'en attends pour savoir ce que j'ai à faire pour mon départ d'ici; si je pouvais y commander j'y resterais encore trois ans pour pouvoir retourner auprès de vous et y partager ma fortune.

« Je suis avec respect, mon très cher père, votre très humble et très obéissant serviteur : *Raimondis* ».

Cette lettre, datée de l'île de France, le 12 octobre 1783, ne parvint au lieutenant général que vers le commencement du mois de mars de l'année suivante. En marge M. de Raimondis a écrit l'annotation ci-après :

« Lettre de Raimondis, par laquelle il m'apprend son mariage avec un ton aussi dégagé que s'il en avait eu mon agrément. Je ne lui ai pas répondu, mais j'ai prié M. d'Azémar, ancien officier de Nîmes, de lui faire part du chagrin qu'il m'a donné et de ne pas lui laisser ignorer que, non seulement je ne voulais plus le voir, mais que je l'exhéréderais en faisant mon testament. J'ai reçu, en mars 1784, sa lettre du 12 octobre 1783. »

Après avoir écrit cette lettre qui devait être si mal accueillie par son père, Jean-François de Raimondis écrivit à sa sœur aînée, sous la date du 29 novembre 1783. Il se doutait bien un peu du mauvais effet qu'avait dû produire l'annonce trop tardive de son mariage. « J'ai écrit, lui disait-il, dans le mois d'octobre, à mon père, pour lui donner de mes nouvelles et lui apprendre mon mariage avec Mlle de Vignols, fille d'un homme comme il faut et colonel du génie.

« M. de Suffren qui est venu ici depuis dix jours, et qui part bientôt, est venu voir ma femme ; il l'appelait sa payse et voulait même nous passer sur son vaisseau, nous disant qu'il allait tout droit à Toulon et que nous serions tous rendus dans ma famille ; mais je n'ai pas accepté cette offre obligeante, par la seule raison que j'ignore si mon père ne désapprouvera point mon établissement. Je me flatte que non.

« Il y a très peu de marchandises de l'Inde dans cette colonie, et c'est si cher que Combaud, cadet de Lorgues, Richery et autres officiers provençaux que je vois tous les jours, ne peuvent rien porter à leurs parents en Provence. Je profiterai de tous les vaisseaux qui sont ici et qui partiront à des époques un peu éloignées l'une de l'autre, pour écrire. Dites à mes sœurs que si vous avez les unes et les autres envie de quelque chose de ce pays, de me le dire ; écrivez moi chez M. de Vignols, sur ses terres de Mokas, à l'Ile de France, et vous enverrez vos lettres au cousin Mille, à Marseille.

« Ma femme qui a la plus grande envie de vous connaitre m'entendant souvent parler de vous, me charge de vous témoigner toute l'envie qu'elle a de faire votre connaissance et vous prie, ainsi que moi, de faire agréer nos respects à notre père. Quant à vous, chères sœurs, vous connaissez mes sentiments et mon amitié pour vous, ma femme les partage et vous prie, ainsi que moi, d'être persuadées de l'attachement avec lequel je suis et avec lequel elle veut être votre bonne sœur et moi votre bon frère pour la vie, *Raimondis*.

« P. S. Une bonne ambrassade à mes sœurs, ne m'oubliez pas auprès de Margouton et donnez-m'en, je vous prie, des nouvelles ».

Cette lettre arriva sans doute trop tard à Mlle de Raimondis, pour lui permettre d'intercéder auprès de son père en faveur de ce frère affectueux qui, sous le charme de sa jeune femme, avait haté les formalités du mariage. Sa lettre du 12 octobre n'était parvenue qu'au mois de mars, cinq mois !.. C'était donc un retard de près d'un an (aller et retour) et il avait cru pouvoir passer outre, convaincu qu'il fléchirait son père en lui présentant une belle-fille bien élevée, bonne, sympathique et appartenant à une excellente famille. Mais M. de Raimondis ne revenait pas aisément sur ses décisions. Il fit son testament, le 15 juin 1784, et y inséra cette disposition : « J'exhérède Jean-François de Raimondis, mon fils aîné, lieutenant des vaisseaux du roi, pour s'être marié sans avoir requis mon consentement; ma volonté étant, qu'en conformité des lois du royaume mon fils soit aussi privé de toute part et portion virile procédant des donations de survie, contenues dans mon contrat de mariage avec feue dame Marguerite Barbarin, et en cas que mon dit fils meure avant moi, j'exhérède pareillement les enfants qui seront nés du dit mariage, lors de mon décès, soit garçons ou filles, comme aussi les posthumes. »

Hélas ! l'éventualité de mort qu'il prévoyait, s'était déjà réalisée, le 15 juin, lorsqu'il rédigeait son testament. Son fils aîné, Jean-François de Raimondis, lieutenant de vaisseau, chevalier de Saint-Louis, était mort à l'Ile de France, le 17 mars, à l'âge de 31 ans, des suites d'une maladie contractée dans le service de la marine.

La rareté des départs entrainait des retards considérables dans l'envoi des correspondances. Ainsi, ce ne fut que cinq mois après le décès du jeune époux de sa fille, que M. de Vignols trouva une occasion pour annoncer cette triste nouvelle à M. de Raimondis. Il le fit en ces termes, le 23 août 1784 : « Je ne puis, Monsieur, retenir mes larmes au souvenir de la perte que vous avez faite de votre fils, Jean-François de Raimondis, et qui était devenu le mien, par son mariage avec ma dernière fille Pétronille de

Vignols. Il mérite d'être regretté et pleuré par l'excellence de son caractère. Sa triste veuve est inconsolable. M. Combaud son ami et son allié, qui a passé quelque temps à nos habitations et qui est porteur de la présente, vous dira ce qu'il a vu et il pourra vous satisfaire sur tous les détails de l'alliance qu'avait contractée votre enfant... »

Il ne restait plus à cette époque, à M. de Raimondis, sur douze enfants, que quatre fille et un fils. Voici comment il divise sa fortune entr'eux, dans son testament du 15 juin 1784.

Il lègue à Paulin-César de Raimondis, lieutenant au régiment du Maine, 7,000 livres, et 8,000 livres à chacune de ses trois filles cadettes : Marie-Catherine, Louise-Marguerite, et Marie-Claire ; enfin, il nomme Jeanne-Louise de Raimondis, sa fille aînée, son héritière générale et universelle.

Paulin-César, né le 19 mai 1757, mourut à Malte en 1818.

Marie-Catherine, née le 6 mai 1748, épousa, le 8 juin 1786, Jean-Xavier de Martiny, seigneur de Fogassière; et mourut le 8 décembre 1829.

Louise-Marguerite, née le 3 octobre 1758, mourut le 11 janvier 1796.

Jeanne-Louise, née le 19 décembre 1746, épousa, le 30 août 1790, M. de Pierre, lieutenant d'infanterie (1); elle mourut le 5 mai 1828, et comme elle n'avait pas d'enfants, sa fortune revint à sa sœur.

Marie-Claire de Raimondis, née le 22 août 1760, épousa, le 7 février 1795, Joseph-Auguste-Eugène Ricard, avocat, et eut deux filles : 1° Mélanie, qui épousa M. de Lacouture; 2° Césarine-Marguerite, mariée le 24 janvier 1814, à M. Jean-Louis Duval, ingénieur en chef des ponts et chaussées, fils de feu Marc Duval, lieutenant général de la sénéchaussée de Gex.

Par une singulière coïncidence, qui n'a pas été cherchée évidemment, la petite fille du lieutenant général de la sénéchaussée de Draguignan a épousé le fils d'un lieutenant général. En sorte que la tradition si honorable de ces deux familles de magistrats s'est trouvée continuée par une union des mieux assorties.

M. Jean de Raimondis, dont nous venons d'énumérer la descendance, avait une sœur aînée, Mlle Marguerite de Raimondis, née le 22 avril 1718, qui avait épousé, le 5 juillet 1740, M. Jean de Périer-Lagarde, qui portait : *d'or à un poirier de sinople fruité d'argent, soutenu d'un croissant de gueules au chef*

(1) Elle avait refusé tous les partis du vivant de son père, et ce ne fut que deux ans après le décès de M. de Raimondis (25 août 1788), qu'elle consentit à se marier : elle avait 44 ans.

d'azur, chargé d'une étoile d'argent. Mme de Lagarde, y avait accolé, sur son cachet, les armes des Raimondis, qui étaient : *d'or, à 3 fasces d'azur et à 3 aigles éployées de sable, posées entre les deux dernières fasces de l'écu.*

Madame de Périer-Lagarde était fille de Joseph de Raimondis, consul de France, et de Mme de Baruéty. Elle avait été admise, à l'âge de 8 ans, le 2 mars 1726, dans la maison royale de Saint-Louis, établie à Saint-Cyr, et reçut, en sortant, une dot de mille écus sur la cassette du roi.

Le lieutenant général civil, Jean de Raimondis, frère cadet de Mme de Périer-Lagarde, laissa une fortune évaluée à 155,090 livres, ainsi composée ;

Immeubles.

Maison de la rue Saint-François........	21,529 liv.
Bastide de Sainte-Barbe.................	18,046
Bastide des Tours......................	16,412
Pré de Saint-François..................	20,591
Pré du Dragon..........................	6,515
Terre dite *Repenti* à Vidauban.........	34,897
Terre à Vidauban, quartier de *Baruéti*.	4,876
A reporter.......	122,866 liv.

Report........	122,866 liv.
Bastide de l'*Enclos* à Vidauban........	16,913
Pré de Lainette....................	1,333

Mobilier.

Argenterie	2,102
Linge et meubles de la maison et des bastides.......................	9,832
Capitaux..........................	2,044
	155,090 liv.

Par suite de la division des héritages, le portrait du consul échut à son fils, le lieutenant général, Jean de Raimondis, et il orne aujourd'hui le cabinet de travail de M. le chanoine Duval, arrière petit fils de ce dernier (1); le portrait de la *consulesse*, (ainsi appelée parce qu'elle dirigea le consulat pendant la peste, après la mort de son mari), fut retenu par sa fille Mme Périer-Lagarde et se trouve actuellement au château de Lagarde.

En finissant cette généalogie sommaire de la très

(1) Nous donnons la reproduction, par la photographie, de ce beau portrait, peint, en 1707, par Sièyes de Fréjus.

ancienne famille des Raimondis, nous ne pouvons nous empêcher de constater qu'elle fut une des plus honorables de notre honnête pays de Provence, où les traditions se perpétuent, de manière à faire reconnaitre dans les fils les vertus des aieux.

NOTES ET DOCUMENTS.

Acte de naissance de Joseph de Raimondis, consul de France à Tripoli.

Le vingt-huit juillet mil six cent quatre-vingt-quatre, a été baptisé noble Joseph de Raimondis, fils légitime et naturel de Messire Pierre-André de Raimondis, seigneur d'Allons, Roquebrune et Sallètes, conseiller du roi, lieutenant général en la sénéchaussée de cette ville de Draguignan, et de dame Marguerite de Glandevès, du Castelet, dame des dits lieux, son épouse, né ce matin. Le parrain a été noble Joseph d'Emenjaud, seigneur de Néoulles, viguier et capitaine pour le roy en la dite ville et viguerie de Draguignan; la marraine, dame Thérèse de Pontevès. Ont signé : Raimondis et B. Giboin, curé

(Extrait du registre des baptêmes de l'église collégiale et paroissiale de la ville de Draguignan.)

Brevet de garde de la marine.

Nous Jerôme Phélypeaux, chevalier, comte de Pontchartrain, conseiller du roy en tous ses conseils, secrétaire d'Etat et des commandements de Sa Majesté, ayant le département de la marine, certifions à tous qu'il appartiendra, que de Raimondis (Joseph), a esté cejourd'hui employé sur la liste des gentilshommes destinés pour servir, en qualité de garde de la marine, au département de Toulon.

En foi de quoy, nous lui avons accordé le présent certificat, signé de notre main, contresigné par l'un de nos secrétaires, et y avons fait apposer le cachet de nos armes.

Fait à Versailles, le premier février 1703.

Signé : PONTCHARTRAIN.

Par Monseigneur : BÉGON.

Contrat de Mariage de Joseph de Raimondis, sieur d'Allons.

Au nom de Dieu, soit-il, l'an mil sept cent dix-sept et le sixième jour du mois de juillet, après midi, sous le règne du très chrétien prince Louis, quinzième du nom, roy de France et de Navarre, comte de Provence.

Sachent tous, présents et à venir, que mariage a été traité, par paroles, et s'accomplira, Dieu aidant, entre noble Joseph de Raimondis, sieur d'Allons, fils légitime et naturel de défunt messire Pierre-André de Raimondis, vivant seigneur d'Allons, la Paine et Sallètes, gouverneur pour le roy et lieutenant général, civil et criminel, au siège de cette ville de Draguignan, et de dame Marguerite de Glandevès, d'une part; et demoiselle Catherine de Baruéty, fille légitime et naturelle de Monsieur maître François-Emmanuel Baruéty, conseiller du roy et son procureur de cette dite ville et communauté, et de dame Véronique de Gilly-Taurennes, d'autre.

Lequel mariage, les dites parties désirant de faire sortir à effet; à cette cause, constitués en leurs personnes, pardevant nous, notaire royal au dit Draguignan, soussignés, et témoins ci-après nommés.

Les dits noble Joseph de Raimondis, sieur d'Allons, assisté et avec la présence de Messire Antoine d'Abrand, seigneur de Montpesat et de messire François Antoine de Blacas, chevalier d'Aups, et de sieur Joseph de Durand, seigneur de la Motte, et de Vauplane, ses proches parents, et ensuite du consentement donné par écrit par la dite dame marquise de Glandevès, sa mère; et la dite demoiselle Catherine de Baruéty, des dits sieur et dame son père et mère, de maître Jean-Emmanuel Gilly, seigneur de Taurennes, son aïeul maternel, de maitre Honoré Pignon de la ville de Fréjus, avocat en la cour, de maître François Lions, ancien procureur au siège de cette ville, du sieur Guillaume Lantier, bourgeois, du sieur de Broves, bourgeois, de noble Antoine de Brun, seigneur de Favas, conseiller du roi, lieutenant général d'Epée et commissaire des inventaires au même siège.

Lesquels, de leur gré, due et mutuelle stipulation et acceptation, intervenant, ont promis et promettent se prendre en vrai et légitime mariage, iceluy célébrer en face de notre Sainte Mère l'Eglise catholique, apostolique et romaine, au premier requis de l'une d'icelles.

Et parce que la dot est le propre patrimoine des femmes; à ces fins, le dit sieur Baruéty et la dite dame de Gilly son épouse, ont constitué et assigné en dot à la dite demoiselle de Baruéty, leur fille, et pour elle au dit sieur d'Allons, son futur époux, la somme de seize mille livres.

Et ici présent, noble Joseph de Raimondis, écuyer, avocat en la cour, en qualité de procureur général et spécial de dame Françoise de Sébolin, veuve de noble Antoine d'Amalric, écuyer du lieu de Signes, en contemplation du présent mariage, à donné et donne pour et au nom de la dite dame de Sébolin, par donation pure et simple à jamais irrévocable, entre vifs, et à cause des noces, au dit noble Joseph de Raimondis d'Allons, neveu de la dite dame, la somme de six mille livres.

Acte fait et publié au dit Draguignan, dans la maison du dit sieur Baruéty, en présence des sieurs Antoine Mottet, bourgeois et Etienne Ferre, maître apothicaire du dit Draguignan, témoins requis et signés avec les parties et parents.

Brevet de pension en faveur de la veuve du consul Joseph de Raimondis.

Aujourd'hui, vingt neuvième du mois de mars mil sept cent trente-quatre, le Roy, étant à Versailles, voulant gratifier et favorablement traiter la dame veuve du sieur de Raimondis, consul à Tripoly de Barbarie, en considération des services du dit feu sieur de Raimondis, mort de la peste dans l'exercice de son emploi, Sa Majesté lui a accordé et fait don de cinq cent livres de pension annuelle, qu'Elle veut lui être payée sa vie durant, sur ses simples quittances, par les gardes de son trésor royal, chacun en l'année de son exercice, à commencer du deuxième juin mil sept cent trente-trois, jour de la mort du dit sieur de Raimondis ; et, pour témoignage de sa volonté, Sa Majesté m'a commandé de lui expédier le présent brevet, qu'Elle a voulu signer de sa main, et être contresigné par moi, conseiller secrétaire d'Etat et de ses commandements et finances.

Signé : Louis.

Et plus bas : Phelipeaux.

Mémoire adressé au Roi par M. Jean de Raimondis fils du consul de Tripoli

Jean de Raimondis, lieutenant général en la sénéchaussée de la ville de Draguignan, supplie très humblement le Roi, de lui accorder, sur son trésor royal, la pension de 500 livres dont jouissait, par sa grâce, feue dame Catherine de Baruéty-Raimondis, sa mère, morte le mois de novembre 1766.

Joseph de Raimondis, son père, après avoir été neuf ans garde de la marine et ensuite lieutenant, et nommé à une compagnie au régiment de Grigni, fut envoyé à Tripoli de Barbarie, consul français en 1729; il fut chargé de veiller à l'exécution du traité de paix que le roy venait d'accorder à la Régence de ce pays.

Ses services, sa mort, occasionnée par la peste, dans l'exercice de son emploi, et la modicité de sa succession, déterminèrent Sa Majesté à gratifier sa veuve d'une pension de cinq cent livres, pour lui procurer les moyens d'élever, suivant son état, Jean de Raimondis, son fils unique.

Celui-ci, dans l'âge le plus tendre, fut vivement touché des bontés de Sa Majesté; il croyait ne pouvoir s'en rendre digne qu'en se dévouant au service militaire. Ses goûts et ses desseins furent contrariés par ses parents, qui n'ayant consulté que leur tendresse décidèrent autrement de son sort.

Pierre-André de Raimondis son aïeul, avait été reçu en l'office de lieutenant général en la sénéchaussée de la ville de Draguignan, en 1640; il l'exerça pendant près de cinquante années, et le laissa à son fils, en mourant.

Cet office était encore dans la famille en 1744. On

détermina le dit Jean de Raimondis à s'en charger, et il en fut pourvu cette même année.

Depuis ce temps, il s'est toujours appliqué à en remplir tous les devoirs, quelque pénibles et quelque étendus qu'ils soient. Ses supérieurs instruits de son activité et de son zèle, pourront en rendre témoignagne à M. le vice-chancelier.

Plus de soixante villes ou bourgs ressortissent à la sénéchaussée de Draguignan. Voisine du comté de Nice, les délits y sont d'autant plus multipliés que les coupables sont plus à portée d'un lieu de refuge. De là, les procédures sans nombre que le lieutenant est obligé de faire, souvent hors de chez lui ; ce qui le constitue à des dépenses extraordinaires.

Cet office, de même que tous les autres offices de judicature, ne produit aucun émolument. Les gages modiques qui y sont attachés ont été réduits au quart, et ne suffisent pas pour acquitter le droit du pret et de l'annuel. Il y a des petits droits attribués à certains actes, mais ils sont affectés au paiement des intérêts des dettes contractées, pour raison des différentes taxes imposées pendant le dernier règne.

L'attention de Sa Majesté est fixée sur tous les différents objets qui tendent au bien et à la prospérité de l'Etat, et elle reconnait que l'assiduité à remplir ses devoirs et la fidélité dans l'exercice de ses fonctions sont dignes de récompense et de ses graces.

C'est avec cette confiance, que le dit Jean de Raimondis ose espérer que Sa Majesté lui accordera la grâce d'ordonner que la pension de cinq cents livres, dont jouissait la dame de Raimondis, sa mère, lui sera continuée pendant sa vie.

TABLE ALPHABÉTIQUE.

Draguignan, imprimerie C. et A. LATIL, Boulevard de l'Esplanade, 4.

www.ingramcontent.com/pod-product-compliance
Ingram Content Group UK Ltd.
Pitfield, Milton Keynes, MK11 3LW, UK
UKHW022134260726
13993UKWH00003B/1430

9 782329 379654